DE LA
QUADRUPLE ALLIANCE

OU

OBSERVATIONS SUR LES CAUSES

De la journée du 28 Prairial an 7.

LE Corps législatif vient de sauver la République, par un acte qui portera l'effroi dans l'ame de tous les brigands et des ambitieux. Cet acte a été opéré sans secousse, sans arbitraire, parce qu'il est conforme au vœu de la constitution, aux intérêts du peuple, et provoqué par l'indignation générale.

Je ne rappellerai pas ici les détails des nombreux forfaits des conspirateurs; j'en ai déjà présenté l'ensemble (1). Il me suffira de comparer notre situation à l'époque du traité de *Campo-Formio*, à notre situation actuelle.

Le traité de *Campo-Formio* venait de couronner les succès brillans de nos armées; la France, arrivée au plus haut degré de gloire, semblait ne devoir plus rencontrer d'obstacle à son bonheur. Déjà le nom de PAIX passait dans toutes les bouches; ce nom si doux, qui rappellait l'industrie, le commerce, l'agriculture à toute leur activité, qui nous promettait la jouissance prochaine de tous leurs bienfaits, était prononcé avec émotion. Semblable à un beaume salutaire, elle venait cicatriser nos plaies; elle ramenait la félicité publique; le vaisseau de l'Etat paraissait enfin, après avoir été battu par la

(1) Dans l'écrit intitulé, *Situation actuelle de la République.*

A

tempéte, échapper au naufrage, et cet espoir agréable portait le calme dans tous les cœurs.

Mais bientôt, à l'ombre de ce même traité de *Campo-Formio*, et sous le voile des *conférences de Rastadt*, s'ourdit, dans le secret, un système affreux de déprédations et de perfidies. Il se forma, à l'instar des puissances du Nord, une quadruple alliance, composée de Directeurs, de leurs ministres, de quelques intrus au Corps législatif, de plusieurs membres d'administrations contre-révolutionnaires, ou contre-révolutionnées, à laquelle on adjoignit, comme auxiliaires, tous les agens et dilapidateurs de la fortune publique.

Cette confédération de brigands et de traîtres devint d'autant plus redoutable, qu'on y voyoit figurer certains hommes qui avaient la réputation d'avoir sauvé la République au 18 fructidor an 5 ; qui, abusant du pouvoir dictatorial qui leur fut conféré par la loi du lendemain, établirent arbitrairement leur *veto* sur la pensée, poursuivirent les écrivains qui tentèrent de défendre la cause du peuple, déportèrent ou inscrivirent sur la liste des émigrés, l'innocent comme le coupable ; que dès-lors, aucun pouvoir semblait ne devoir la contrarier, et que, COMME L'AUTRICHE, *elle avait l'espoir de voir couronner bientôt par des succès l'horreur de ses crimes* (1).

Rien n'arrêta, en effet, cette puissance monstrueuse. Déjà l'Italie, la Hollande, la Suisse, avaient été révolutionnées, contre-révolutionnées et pillées par ses ordres et pour son compte. Déjà les Russes et les Autrichiens, les disciples de Jesus et ceux de Mahomet, se coalisent,

---

(1) Allusion aux expressions du Directoire exécutif dans son message du......, annonçant l'assassinat de nos Plénipotentiaires à Rastadt.

s'avancent, et malgré la distance des lieux , la difficulté des marches dans une saison rigoureuse , et à travers les glaces et les inondations , ils arrivent , nous attaquent ; les conspirateurs secondent leurs succès par un système d'inertie absolue : ils n'opposent à leurs nombreuses armées, que des corps affaiblis, affamés, nuds et des places dégarnies.

Cependant , ils demandent sans cesse au Corps législatif des hommes et de l'argent ; ils en obtiennent, ils en demandent encore , afin de pouvoir tout dilapider , et de révolter le peuple éorasé de tant de manières.

Mais enfin les yeux se dessillent ; le Législateur ne peut concevoir la cause de tant de besoins , lorsqu'il y a si peu d'hommes sous les armes , et s'il se décide à regret à décréter une subvention extraordinaire de guerre , pour ôter tout prétexte aux conspirateurs , il annonce , en même temps , l'intention de poursuivre les dilapidateurs quelque soit le poste qu'ils occupent.

Cette intention prononcée par le Corps législatif, l'engagement qu'il en prend solemnellement dans sa première adresse au peuple Français, porte l'épouvante dans l'ame des brigands. Mais leurs chefs sont puissans , ils cherchent à payer d'audace ; des libelles , des journaux officiels et scandaleusement officieux ; les messages même insultent à la première autorité : en secret ils la menacent.

Mais le courage s'accroît par le danger. Les Législateurs se rapprochent ; ils opposent aux vociférations , aux outrages , aux menées sourdes de leurs ennemis, le calme et le sang-froid de la vertu ; l'opinion publique les soutient ; ils parlent , et les conspirateurs sont dispersés et leur puissance anéantie.

Tel a été, peuple Français, l'effet de la journée du 28

prairial, an 7; journée qui sera une leçon terrible pour les ambitieux et les usurpateurs, en leur apprenant qu'il n'y a de puissance réelle et durable, que celle de la loi. Parmi les actes nombreux de leur perfidie et de leur bassesse, il me suffira pour les faire connoître de réfuter ici le message, annonçant l'assassinat de nos Plénipotentiaires à Rastadt, et le libelle lancé par *Bailleul* contre ses collègues; on y reconnaît toute l'astuce du crime.

Voyons d'abord comment le Directoire s'exprimait alors dans son message.

MESSAGE. *Ce Gouvernement a compté (l'Autriche) sur les manœuvres trop efficaces par lesquelles il s'efforce de perpétuer, au sein de la République française, l'agitation, la discorde et la pénurie, qui lui donnent l'espoir de voir bientôt l'horreur de ses crimes couronnée de leurs succès.*

RÉPONSE. Il est hors de doute que les puissances ennemies et notamment l'Angleterre, entretiennent des intelligences dans l'intérieur. Mais le passé leur avait appris que, dans des momens plus critiques, c'est-à-dire, lorsque la République attaquée de toutes parts au-dehors, avait encore à combattre au-dedans des armées royales et fanatiques, et à déjouer les trames multiformes et toujours renaissantes des conspirateurs secrets; le Gouvernement *qui veillait alors*, a su triompher de tous leurs efforts combinés; je ne conçois donc pas comment, après les campagnes glorieuses qui ont forcé l'Autriche à demander la paix, et après avoir vu se fondre et s'anéantir tant de conspirations, cette puissance aurait pu aujourd'hui espérer de voir couronner par des succès l'horreur de ses crimes, *si le Directoire eût réellement veillé à la sûreté de l'état.*

MESS. *Et sur quoi,* continue le Directoire, *l'Autriche*

*pourrait-elle fonder cet espoir, si ce n'est sur l'affaiblisse-
ment progressif de nos moyens pécuniaires, et puisqu'il
faut le dire, sur les erreurs des Français qu'elle égare, sur
le concours criminel de ceux qui veulent la combattre, sur
les dissentions malheureuses de ceux qui veulent la servir.*

RÉP. Cette tirade n'est pas très-claire. Qu'est-ce que ces
erreurs des Français que l'Autriche égare ? S'il existe un
concours d'hommes qui veulent la servir, le Directoire
n'avait-il pas les moyens de les réprimer ?

L'affaiblissement progressif de nos moyens pécuniaires ?

Cette assertion suppose deux choses : 1°. Que chaque
année l'on paie moins.

2°. Que chaque année les charges du Gouvernement
augmentent.

Mais ces deux suppositions sont également fausses.

D'abord, les contributions foncière, mobiliaire, per-
sonnelle et somptuaire ont été portées pour l'an 7, à un
taux *décuple* de celui des années précédentes. Les droits
de timbre et d'enregistrement ont été augmentés dans la
même proportion, et leur produit est immense.

Ces divers produits étaient considérés comme suffisans
pour faire face à toutes les dépenses intérieures et exté-
rieures, et à l'entretien d'environ 500 mille hommes sous
les armes (effectif qui n'a jamais existé). On a ajouté à
ces ressources un droit sur les portes et fenêtres. Ces re-
venus se sont accrus depuis, 1°. par la réunion du pays
de Genève. 2°. Par la révolution de la Suisse, où l'on a
pillé d'abord le trésor du gouvernement, montant à 15
millions en numéraire, et à-peu-près pareille somme en
rescriptions ; où l'on s'est saisi, non-seulement des caisses
publiques, mais même des caisses d'associations parti-

culières de négocians, et où l'on a imposé des contributions considérables.

3°. Par la conquête du Piémont, où, indépendamment des contributions qui y ont été levées; du produit de plusieurs domaines nationaux qui y ont été vendus, nous y avons trouvés des arsenaux et des magasins remplis d'armes et de munitions de toutes espèces; la conquête de la Toscane et du royaume de Naples ont encore fourni des ressources considérables.

Ainsi, loin de trouver un affaiblissement progressif de nos ressources, on voit qu'elles se sont prodigieusement accrues.

Mais ce n'est pas seulement par l'augmentation toujours croissante des contributions et des droits fiscaux de toutes espèces, que le Gouvernement se trouve les moyens de faire face aux dépenses; ces moyens sont encore accrus en la raison de la diminution de plusieurs parties qui ne sont plus à la charge du trésor public. En effet, à partir du premier vendémiaire an 5, les frais des administrations locales, le traitement des administrateurs de département et des juges des divers tribunaux, sont payés par les contribuables au moyen des centimes additionnels. En l'an 7, l'entretien des routes a cessé d'être à la charge du trésor public, par l'effet de la taxe affectée à cette dépense. Il en est de même des hôpitaux qui sont entretenus aujourd'hui par le produit de l'octroi de bienfaisance et l'impôt sur les billets de spectacle.

Mais quelques grandes qu'aient été les ressources du Gouvernement, le Corps législatif toujours trop confiant s'est encore empressé de lui en donner de nouvelles.

Lorque forcé, par pudeur, de déclarer la guerre aux puissances qui avaient déjà rompu les traités et repris les hostilités, le Directoire exposa au Corps législatif qu'il avait besoin d'une levée de 200 mille hommes pour completter les cadres, il demanda à être autorisé à mettre en réquisition les cinq classes des conscrits, et à disposer d'une masse de 125 millions de domaines nationaux, afin, a-t-'il dit, d'épargner au peuple de nouvelles taxes ; le Corps législatif accéda à ses demandes. Le Directoire a-t-il employé ces 125 millions ? Non. Dans la première classe des conscrits un grand nombre s'est habillé et équipé à ses frais, les autres ne l'ont point été. Cette première classe n'ayant pas formé les 200 mille hommes nécessaires pour completter les cadres, le Corps législatif ordonna la levée des deuxième et troisième classes, et ce sont les communes qui ont été chargées des frais d'équipement et de l'avance du premier mois de solde ; enfin le Corps législatif a décrété une subvention extraordinaire de guerre : c'est cependant, après avoir obtenu tant de moyens de faire face aux dépenses de la guerre, que le Dircetoire est venu se plaindre de la pénurie de nos ressources, et qu'on l'a vu auparavant déclarer, que si le Corps législatif ne lui donnait des nouveaux moyens, *il ne se rendait pas responsable des événemens*

Il n'y a donc point de *déficit de droit*, puisque, par l'effet du produit réel des contributions et des droits fiscaux, de l'agrandissement de la République, de la conquête du Piémont, de la Toscane, et du royaume de Naples, des 125 millions de biens nationaux mis à la disposition du Directoire exécutif, les ressources ont doublé ; il ne peut y avoir alors qu'un déficit, de fait et, ce déficit est le résultat du brigandage, des dilapidations du Directoire et de ses agents ; de leur soif dévorante des richesses, du faste, des plaisirs, de ces marchés ruineux passés pour un effectif qui n'existe pas ; de ce besoin perpétuel d'argent qu'éprouvait le Directoire pour entretenir des armées d'espions et d'agens de corruption répandus sur la surface de la République, et soudoyer pour imposer par la terreur silence à tous les citoyens, punir jusqu'à leurs pensées, influencer les choix du peuple.

Ainsi, lorsque le Directoire a annoncé un affaiblissement progressif dans nos moyens pé cuniaires, il s'est accusé lui-même ; et c'est dans ce sens que la *pénurie de fait*, fruit de ses déprédations et de sa complicité avec tous les fripons, peut être une des causes des espé-- rances de la coalition.

Les autres causes réelles de cet espoir sont l'inertie coupable du Directoire qui, au lieu de prévenir la coa- lition, en frappant sur le champ le premier potentat parjure aux traités, a laissé cette coalition se former, s'armer, s'avancer, prendre nos îles sur l'Adriatique, et a laissé tellement dépérir nos forces militaires que, lorsqu'il se vit forcé par l'opinion publique de déclarer la guerre, il n'était pas même en état de défense. Une autre cause de l'espoir de la coalition est encore dans la haine des peuples qu'il a révolutionnés, tourmentés et dépouillés.

Nos dissentions intestines, c'est le Directoire qui les a fomentées ; c'est lui qui, pour arriver plus rapidement au despotisme et s'assurer le fruit de ses déprédations, après avoir mis son *véto* sur la pensée, a profité de notre stupeur, pour faire jouer, sans contradiction, tous les ressorts de l'intrigue, destituer les fonctionnaires publics attachés à leurs devoirs, et placer ses créatures jusques dans le Corps législatif. Il n'y a eu de dissentions que celles ourdies par les *commissaires ad hoc*, choisis par le Directoire. Suivons son message.

Pour rendre la vengeance prompte et éclatante, le Directoire déploiera tous les moyens que le Corps législatif a mis et qu'il mettra en sa puissance. Mais le Directoire ne peut se dissimuler que les circonstances exigent toute l'énergie, comme toute la sagesse du patriotisme républicain ; la repression sévère des brigandages de toute nature ; l'harmonie des pouvoirs constitués ; la concorde entre tous les citoyens ; et sur-tout, la restauration du crédit public par l'équilibre des recettes et des dépenses.

Rép. J'ai prouvé que le Corps législatif a mis dans la puissance du Directoire tous les moyens nécessaires pour faire la paix ou pour continuer la guerre. Il est coupable de n'en avoir pas fait usage.

L'énergie républicaine ! Que peut-elle contre une autorité revêtue d'un pouvoir dictatorial, dont elle a abusé pour imposer silence à tous les vrais républicains et les éloigner des emplois ?

La repression sévère des brigandages ! Un souris de mépris et d'indignation s'échappe malgré soi. Quoi ! ce sont des hommes écrasés sous le poids de leurs brigandages, de leurs concussions ; ce sont ceux qui ont donné la preuve de leur complicité avec les brigands, par la protection scandaleuse qu'ils n'ont cessé d'accorder à *Schérer*, qui osent parler de punir les brigands ! Cette impudence révolte.

L'harmonie des pouvoirs! De quelle harmonie le Directoire entendait - il parler? Est-ce de celle qui résulte d'un zèle égal de la part de tous les pouvoirs à remplir respectivement leurs devoirs? A protéger le peuple des abus d'autorité et des brigandages de quelques factieux puissans? Mais alors, tous les pouvoirs ont dû se séparer du Directoire, puisque sa conduite a été une longue série d'attentat à la liberté, à la fortune et à l'existence des peuples.

La restauration du crédit public! Mais comment restaurer le crédit public, lorsque le Directoire, par sa complicité avec les puissances étrangères, a rappellé une guerre désastreuse sur la France; lorsqu'il a laissé échapper toutes les occasions d'assurer la paix ou de faire avantageusement la guerre; lorsque, par son fait, l'agricul-culture, le commerce, les arts et tous les moyens d'existence languissent.

L'équilibre des recettes et des dépenses! Mais j'ai prouvé qu'il a obtenu tout ce qu'il a lui-même regardé comme nécessaire pour faire face aux dépenses : j'ai prouvé qu'il a obtenu bien au-delà de ce qui était nécessaire. L'équilibre entre les recettes et les dépenses était donc plus qu'établi; ce n'était donc que pour achever d'épuiser l'état, et non pas pour pourvoir à sa sûreté, que le Directoire demandait toujours de nouveaux fonds; et ce dessein était d'autant moins douteux que, malgré tout ce qu'il a reçu ou pillé, les armées, quoique réduites à moitié de l'effectif supposé, ont manqué de vivres, d'habillement et de munitions.

Tous les autres messages sont remplis des mêmes impostures.

Et vous! *Bailleul*, c'est après tant de crimes et de perfidies, que vous venez accuser le Corps législatif. Mais qu'a-
vez-vous dit? rien qu'on ne puisse vous opposer à vous-
même. On peut vous appliquer cette sentence: *mutato nomine, de te fabulá narratur ;* car vous accusez le Corps législatif de vos propres forfaits.

Il n'y a point, dites-vous, *de restauration possible, si la
phisionomie des Conseils ne présente rien de plus rassu-
rant à la nation.*

Vous nous reportez au temps où le Corps législatif, dupe
de votre hypocrisie et affaibli par le résultat des intrigues
qui placèrent au sénat des hommes que la volonté du
peuple n'y avait pas appellés, adoptait toutes vos propo-
sitions. Sans doute, tant que les yeux n'ont pas été des-
sillés, non-seulement il n'y avait pas de restauration
possible, mais la ruine même de la République devait
s'opérer; elle avait été jurée par vos complices. Ils sont
frappés; vous vous êtes condamné vous-même, en fuyant.

*Le grand nombre ne veut voir qu'une différence d'o-
pinion où il y a une différence d'intention.*

Le grand nombre a vu, au contraire, que la différence
d'opinion provenait principalement de la différence d'intention. Mais lorsque de simples citoyens ont osé dévoi-
ler les intentions criminelles de vos complices, ils ont
été enfermés dans des bastilles; des Représentants du
peuple ont été même menacés et portés sur des listes
de proscription.

*Comment dire à la tribune, à l'un, tu es un extra-
vagant et une dupe; toi un ambitieux, et toi un scélérat?*

Les dupes sont ceux qui ont ignoré que vous étiez un
dilapidateur, un valet soudoyé, agrandissant votre exis-
tance par des moyens honteux. Les extravagans, ceux

qui vous ont défendu gratuitement, les ambitieux et les scélérats, *mutato nomine*, etc.

L'anarchie plus puissante que bien des gens ne pensent, a son appui dans les Conseils.

L'expérience a appris au peuple, qu'il y *a plusieurs sortes d'anarchies.* Il y a anarchie par-tout où il y a faction, par-tout où les gouvernans sont en opposition avec les droits et la volonté du peuple ; par-tout où le peuple trompé par des intrigans, agit contre ses propres intérêts.

Ainsi, il y a eu anarchie avant le 9 thermidor, 1°. parce qu'on a persécuté des citoyens vertueux qui voulaient la République ; 2°. parce qu'on confondait l'opinion avec l'intention et le crime.

Il y a eu anarchie après le 9 thermidor, parce qu'on a pris prétexte des délits antérieurs, pour en commettre dans d'autres intentions non moins perfides : et vous, *Bailleul,* vous avez figuré à cette époque.

Il y a eu anarchie depuis la mise en activité de la Constitution, parce que le triumviral directorial a opprimé tous les citoyens pour perpétuer son pouvoir. Et vous, *Bailleul,* vous figurez aujourd'hui d'une manière bien honteuse dans ce nouveau système d'anarchie.

J'ai cru, *Bailleul,* devoir définir ce que c'est qu'anarchie, afin d'éclairer les dupes qui croient qu'il n'y a eu anarchie qu'en 1793.

Le tiers de l'an 6, était à peine en fonction qu'il n'échappa point aux observateurs, que des élémens hétérogènes s'étaient introduits dans le Corps législatif.

Votre faction avait tout fait pour cela, mais le succès n'a pas répondu à ses espérances.

Il faudrait examiner de près ce parti de l'opposition , on se convaincrait bientôt que son principe est la destruction , que son véritable foyer se compose de tous les ennemis forcénés du régime actuel.

Qu'entendez vous par le régime actuel ? Est-ce la forme du Gouvernement établi par la Constitution de l'an 3 ? Votre faction lui a substitué le système des persécutions, de la lâcheté, de la perfidie, des brigandages. Il n'a cessé que du moment, ou à force d'effronterie, vous vous êtes démasqué.

On trouve dans les Conseils cette effervescence , cette turbulence qui ont certainement caractérisé l'esprit de faction.

Vous et quelques amis , avez seuls troublé les délibérations du Corps législatif; vous y avez apporté cet esprit de faction qui caractérisa votre conduite incivique jusqu'au 12 vendemiaire an 4.

Qu'on se rappelle les délibérations de 93, et celles qui précédèrent fructidor ; même tactique, même procédé, mêmes cris , mêmes outrages.

Toutes les factions ont recours au même stratagême; vous dites aujourd'hui, tout ce que disaient ceux que vous avez combattu en fructidor ; impostures, suppositions, dénégations, réticences, calomnies, diffamations, proscriptions, tout cela vous est commun avec eux.

C'est quelque chose de bien étrange que les excès auxquels se livrent ceux qui se sont assuré une majorité qu'ils regardent comme leur conquête.

Votre faction s'était flattée à force d'intrigues d'avoir cette majorité; aussi-tôt que le prestige a été détruit, cette majorité, pour ne pas dire la presqu'unanimité a dû s'opposer à vos attentats.

Les opprimés ne conservent pas même le droit de dire à la tribune les choses les plus raisonnables.

Cela a été vrai tant que vous avez dominé. Vous insultiez alors tous ceux qui ont jetté un regard inquiet sur le dénuement des armées, sur les dilapidations, sur les troubles intérieurs, et dévoilé les intrigues qui ont repoussé des emplois les hommes probes. C'est donc toujours votre propre crime que vous dénoncez vous-même : *mutato nomine, de te fabulâ narratur.*

Si la conjuration qui fait chaque jour des progrès, avait quelques succès, je crains bien plus les Russes qui sont dans le Corps législatif, que les Russes qui menacent nos frontières.

Vous avez conspiré avec les dilapidateurs contre la liberté et l'existence des peuples. Voilà pourquoi vous craignez plus vos collègues, que les barbares du Nord qui vous sauraient gré, sans doute, de vos forfaits. Voilà pourquoi vous attaquez le Corps législatif à l'instant même où il cherchait à sauver la République de la fureur des hordes étrangères, et de la cupidité des fournisseurs. Au surplus, vous vous êtes condamné vous-même par votre fuite. Mais ce n'est pas, comme au 18 fructidor, dans votre modeste domicile, dont la simplicité supposait quelques vertus ; vous avez fui dans votre château de Jouville : *Bailleul*, pauvre en l'an 5, a un château en l'an 7 ! Je ne pouvais y croire, mais cela n'est que trop vrai.

Vous avez fini votre libelle, en disant que les *conjurés ont des sicaires dans les tribunes.* Que cette supposition est basse, Vous savez que les tribunes contiennent peu de monde, qu'il n'est pas permis d'y entrer avec armes ou cannes : qu'il n'y a point de communication entre les tribunes et les sièges des Législateurs : qu'on fait sortir ceux qui approuvent ou désapprouvent : mais vous voulez faire entendre aux citoyens des départemens que la Représentation nationale n'est pas libre.

Mais ce qui achève de caractériser votre perfidie, c'est votre sortie contre Antonelle. Antonelle n'est pas encore admis, il n'a donc pas pu troubler les séances du Corps législatif. Mais quand il serait aussi coupable que vous le dites, vous sied-t-il à vous, d'affecter de l'horreur pour les grands coupables ? Nouveau prothée, n'avez-vous pas pris toutes les formes, suivant les circonstances ? N'avez-vous pas été constamment lié, au moins d'opinion, avec les *André - Dumont*, les *Merlin - de - Thionville*, et tant d'autres qui furent réacteurs, après avoir été *ultrà-révo-lutionnaires* ; n'êtez-vous pas lié encore en ce moment, avec un homme qui fut le *meneur* de la *commission temporaire* de Lyon, et avec tous les suppôts de la faction *Merlin* ? vous n'avez donc pas horreur des terroristes ? Vous n'avez voulu que déverser méchamment le fiel de la calomnie sur le Corps législatif. Vous vous êtes diffamé vous-même par vos diffamations. Vous comptiez décimer vos collègues, parce que triomphant, il vous épargnent ; vous débitez déjà que leur triomphe est éphémère ; c'est insulter à leur générosité ; mais vous n'avez jamais connu les sentimens généreux.

Je ne parlerai pas ici de votre raisonnement sur les finances ; j'en démontrerai ailleurs la fausseté. Je n'ai dû m'attacher ici qu'à la partie morale de votre libelle ; je l'ai fait, non pas pour vous, mais afin de désabuser le peuple que vous voudriez égarer ; je l'ai fait aussi pour déjouer les malveillans qui dans le délire de leurs arrière-pensées, ne connaissent point de prospérité sans roi, sans nobles, sans priviléges, et se persuadent toujours que les coalisés font bonnement la guerre à la France pour rétablir une dynastie dont ils ont eux-mêmes sapé le trône (1).

---

(1) Les partisans de l'ancien régime devraient bien se persuader, pour leur tranquillité et la nôtre, que les rois n'ont pas pris les armes pour soutenir la maison des Bourbons sur le trône; que leur but sècret a été le démembrement de la France, sur laquelle ils ont toujours élevé des prétentions, dans laquelle ils ont toujours suscité des troubles, dont ils ont corrompu tous les ministres, dont ils ont ruiné le commerce et l'industrie; enfin, si les royalistes veulent se rappeller le sort de la Pologne, que les potentats du Nord avaient envahie, sous prétexte d'y rétablir la tranquillité qu'ils avoient eux-mêmes troublée, et qu'ils se sont partagés; ils seront convaincus que la France subjuguée, subirait le même sort que la Pologne.

Que les royalistes cessent donc de favoriser les factions, dans l'espoir insensé de faire tourner à leur profit les mouvemens qu'elles amènent; qu'ils se réunissent au Gouvernement, *selon le vœu de la Constitution*, et nous serons bientôt d'accord; les haines cesseront, et bientôt la France puissante sera heureuse et florissante.

E. Q. M*******, *auteur de la situation actuelle de la République.*

A PARIS, de l'Imprimerie de la rue Nicaise, n°. 513.